初めての
フルーツカッティング
How to Fruits Cutting

平野泰三　フルーツアーティスト®

講談社

フルーツカッティングの楽しみって、なに？

それは、フルーツは見て楽しむばかりでなく、フルーツの甘みを等分に食べやすくカットし、香りも楽しみ、そして最後に味を楽しむことです。

このたび、初めて、DVD付きのフルーツカッティングの本書を制作することになりました。

私の目線から撮ったものなので、ナイフの動かし方、フルーツの動かし方により、切れていくようすが確認できます。身近なフルーツで基本のカッティングを収録したDVDと本書で、初めての方にもわかりやすく解説しました。

毎日の食卓をもっとおしゃれに楽しむために、DVD付きの本書をお役立ていただければ幸いです。——平野泰三

c o n t e n t s

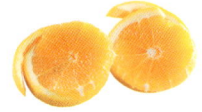

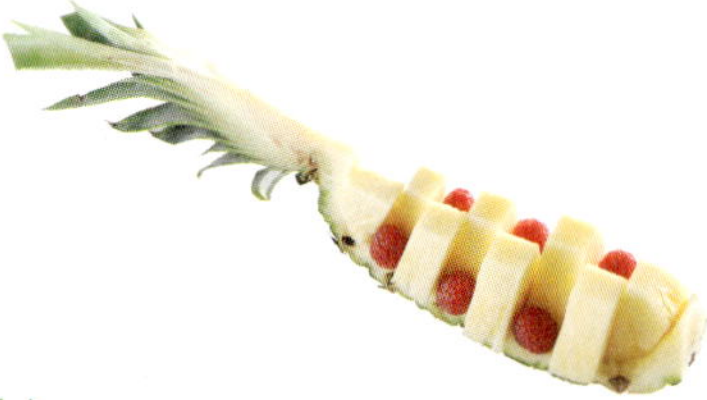
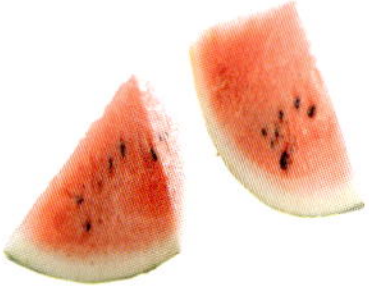

8 オレンジ Orange
16 グレープフルーツ Grapefruit
22 メロン Melon
30 スイカ Watermelon
34 パイナップル Pineapple
40 キウイフルーツ Kiwifruit
46 パパイヤ Papaya
50 アボカド Avocado
54 マンゴー Mango
58 レモン・ライム Lemon & Lime
64 リンゴ Apple
72 ブドウ Grape
74 モモ Peach
BOOK ONLY
76 イチゴ Strawberry

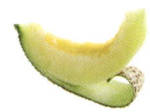

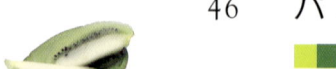

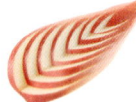

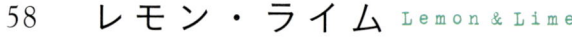

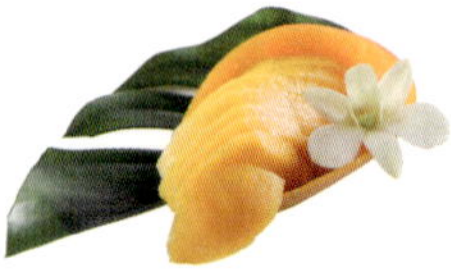
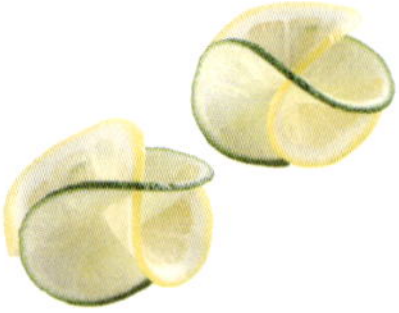

78 カキ Persimmon

82 イチジク Fig

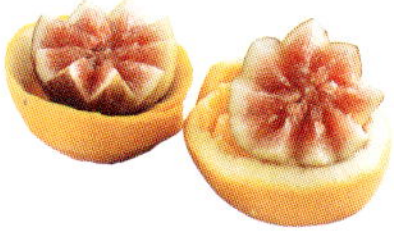

84 洋ナシ Pear

86 ザクロ Pomegranate

88 キワノ Kiwano

90 ドラゴンフルーツ Dragonfruit

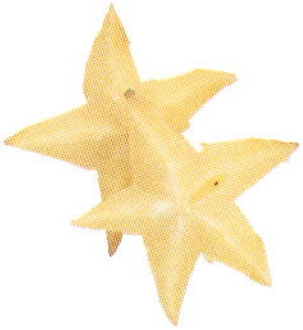

92 スターフルーツ Starfruit

94 チェリモヤ Cherimoya

96 マンゴスチン Mangosteen

6　フルーツはどこがいちばん甘い？

97　どうやって保存しておけばいいの？

98　フルーツカッティングの
　　道具と使い方

本書とDVD両方に掲載されているカッティングの手順は❶に、本書のみに掲載の場合は❶になっています。
このアイコンのあるフルーツのカッティングは本書のみの掲載となります。

★栄養成分値参考文献：五訂増補日本食品標準成分表

フルーツはどこがいちばん甘い？

フルーツには甘みの分布があります。結実してからの日照の違いや追熟(ついじゅく)の加減など条件により異なりますが、目安として矢印（矢印の先が甘い）と甘さを1から順番に表記して比較してみましょう。

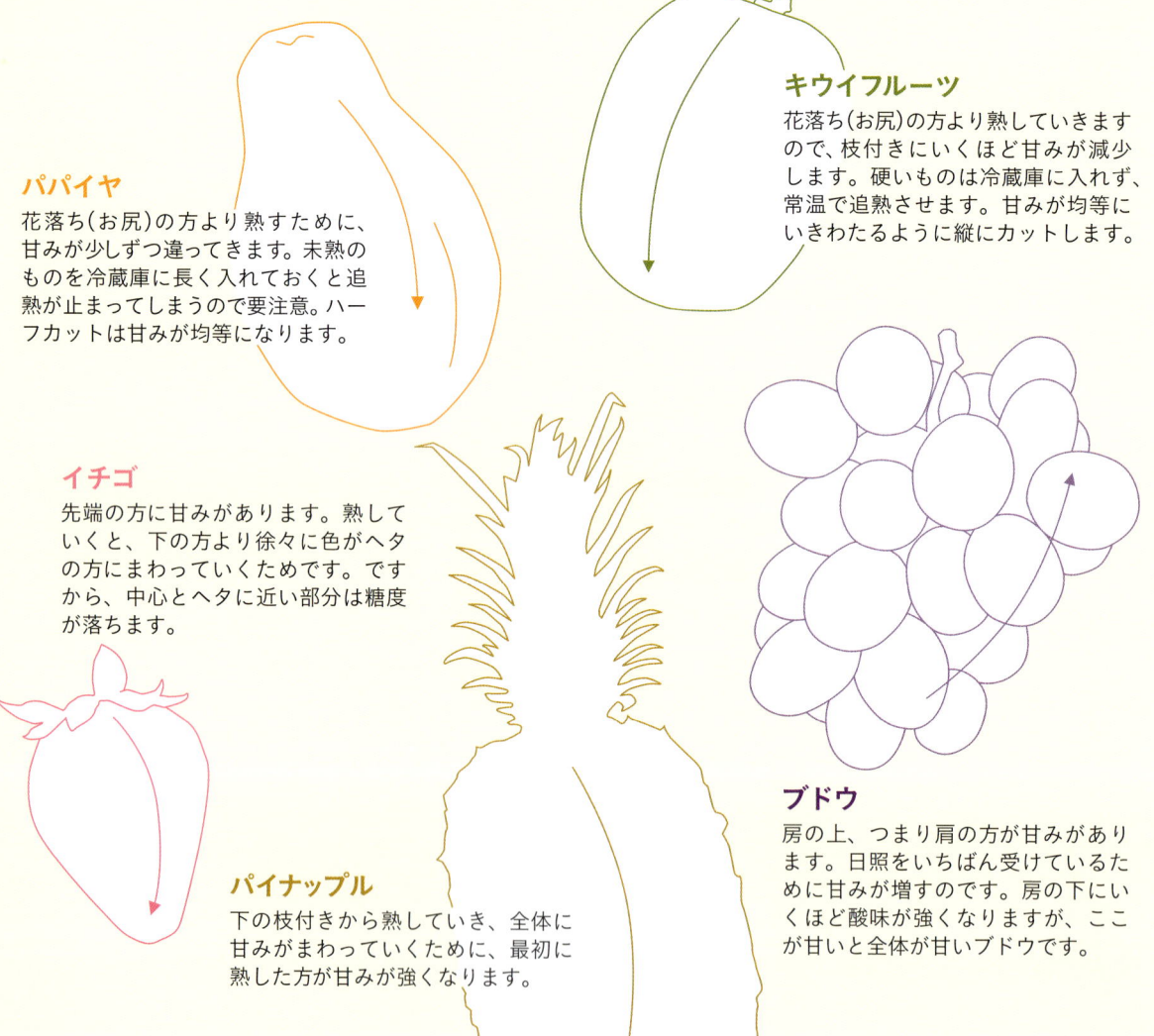

パパイヤ
花落ち（お尻）の方より熟すために、甘みが少しずつ違ってきます。未熟のものを冷蔵庫に長く入れておくと追熟が止まってしまうので要注意。ハーフカットは甘みが均等になります。

キウイフルーツ
花落ち（お尻）の方より熟していきますので、枝付きにいくほど甘みが減少します。硬いものは冷蔵庫に入れず、常温で追熟させます。甘みが均等にいきわたるように縦にカットします。

イチゴ
先端の方に甘みがあります。熟していくと、下の方より徐々に色がヘタの方にまわっていくためです。ですから、中心とヘタに近い部分は糖度が落ちます。

パイナップル
下の枝付きから熟していき、全体に甘みがまわっていくために、最初に熟した方が甘みが強くなります。

ブドウ
房の上、つまり肩の方が甘みがあります。日照をいちばん受けているために甘みが増すのです。房の下にいくほど酸味が強くなりますが、ここが甘いと全体が甘いブドウです。

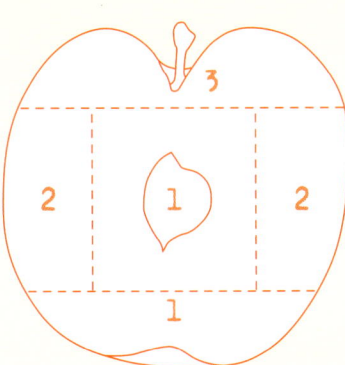

リンゴ
花落ち(お尻)とタネの周りの中心部が、いちばん甘みが多くなります。ですから、カットの仕方は縦切りが理にかなっているのです。褐変を防ぐためには塩水に漬けて。

スイカ
中心の部分がいちばん甘くなります。また、日光がいちばん長く当たっている少し張り出した部分も同じくらい甘く、その出っ張った部分から半分に切ると甘さが均等に。

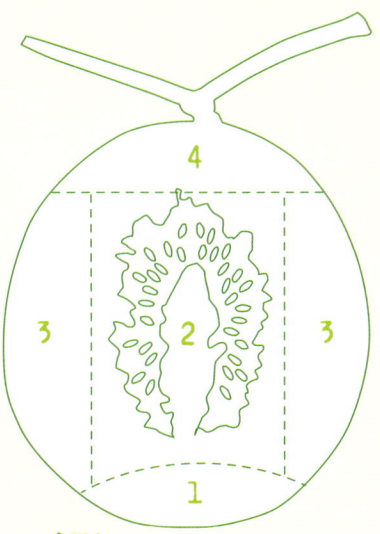

メロン
花落ち(お尻)の方より熟していくので、花落ちがいちばん甘く、次にタネの周りが甘くなっています。カットの仕方は、くし形切りが甘みが均等にいきわたります。

モモ
ほとんどのフルーツはタネの周りと花落ち(お尻)の部分がいちばん甘く、外側にいけばいくほど甘みが落ちていきます。モモをはじめ、リンゴ、ナシでもみな同じです。

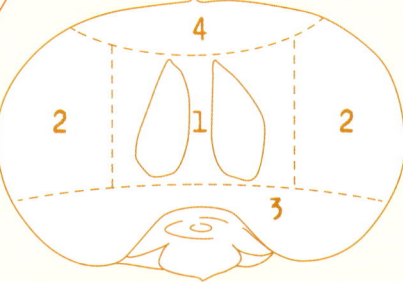

カキ
花落ち(お尻)とタネの周りの部分が同じくらい甘みがあります。くし形にカットする方が甘みが均等にいきわたります。次が外側、枝付きの順に甘みが弱くなっていきます。

Orange

オレンジ

香りもよく、色も鮮やかな皮を生かして、品種に合った
いろいろなカッティングが楽しめる。皮と果肉の間の部分が厚いので、
ここまでしっかりむき取ることがポイント。くし形飾り切りのほか、むいた皮を利用した
カップ盛りもおしゃれで、おもてなしにも最適。

色紙盛り(P11)

Orange Data

★選び方と食べごろ
持ったとき重量感があり、皮が薄く、キメが細かいものを選ぶ。果皮にツヤがあるものほど、ジューシーで果肉がしまっている。

★品種
バレンシアオレンジ、ネーブルオレンジ、たんかん、セミノール、清見、デコポン(不知火)など。

★出荷最盛期
3～4月(清見)、3～12月(バレンシアオレンジ)

★栄養成分値
(可食部100gあたり)
39kcal(バレンシアオレンジ)、46kcal(ネーブルオレンジ)

Orange

キホンの 皮のむき方ＡＢＣ

A

❶ らせん状に皮をむく場合、枝付きの方から、水平にナイフを入れる。

❷ ナイフの角度はオレンジの丸みにそわせて変え、やや厚めに皮をむく。

❸ むき終わりは、むきはじめと同様に水平にカットする。

B

❶ オレンジの両端の皮を、厚めに切り落とす。

❷ オレンジをまな板に立てておき、皮の部分を、縦に厚めにカットする。

C

❶ 縦半分にカットし、芯の部分を、やや大きめのＶ字形に切り取る。

❷ 芯をカットしたら、４等分のくし形切りにカットする。

❸ 皮と果肉の間にナイフを入れ、皮の最後までカットする。

Orange

基本 のカッティング

[房切り]

① オレンジの皮をむいたら、房の袋にそってナイフを入れて果肉を取りだす。

[くし形切り]

① 皮をむいて半分にカットし、芯の部分をV字形にカットする。

② さらに半分して1/4にし、それぞれを斜めにカットし、1/8カットにする。

[房切り]
房切りを放射状に盛りつけて、レモン・ライムの［花びらカット］を飾る。
＊レモン・ライムの［花びらカット］P62

Orange

[輪切り A]

❶

❷

枝付きの方から水平にナイフを入れ、らせん状に皮をむく―皮のむき方 **A**（P9）参照。**B** でもよい。

皮をむいたら、輪切りにカットする。

[輪切り B]

❶

❷

ひと工夫で♪

オレンジの両端の皮を厚めに切り落とし、7〜8mm の輪切りにする。

刃先を皮と果肉の間に入れて、皮をむき、カットする。

2cm ほど残して皮をむき、皮をカットして丸める。飾り輪切りのでき上がり。

[半月切り]

❶

❷

盛りつけ♪

両端の皮をカットし、縦にカットしたら、芯の部分を V 字形にカット。皮と果肉の間にナイフを入れ、カーブにそわせて皮をむく。

果肉を取りだし、4〜5 切れの半月切りにする。

❶でむいた皮の上に、果肉をずらして盛りつける。色紙盛りのでき上がり。

Orange

応用 のカッティング

[くし形飾り切り ABCD共通]

❶ 皮の2/3くらいまで切る。

A

B

C

D

❷ 皮の内側の白い部分を薄くカットする。

A

❸ 皮の部分を両端からハの字にカット。

❹ 皮の先を内側に折ってはさみ込む。ウサギのでき上がり。

B

❶ 皮を片側だけ斜めにカットし、内側に折る。

C

❷ 皮の内側に3本切り込みを入れ、内側に折る。

D

❸ 皮の部分を斜めにカットする。

[オレンジのカップ盛り]
オレンジ1個でできる2つのカップに、半月切り、1/2にカットしたくし形切りを盛りつけて。
＊[半月切り] P11、[くし形切り] P10

[オレンジのカップ盛り]

① 両端をカットし、横2等分にカットする。

② 果肉の間にナイフを入れ切り離す。

③ ❶で切った部分を底にしてカップにする。カットした果肉を盛りつける。

Orange

くし形切り

[オレンジのツインカップ]

① オレンジは皮を厚めに、らせん状に
むき、むき終わりは厚めに切る。

② 皮の両端を底にして丸め、ねじって
ツインカップにする。

Orange

輪切り

半月切り

＊ライムの［花びらカット］P62

[オレンジのツインカップ]
ツインカップにしたものに、くし形切り、半月切り、輪切りを形よく盛る。

Grapefruit

グレープフルーツ

実がブドウの房のようになることから、グレープフルーツと命名された。
果肉の色には、白色系とピンク系と赤色のルビーがある。
タネが少なく、果汁の多いフルーツなので、手早くカットすることがポイント。
オレンジのカット方法も応用できる。

くし形切り（P19）

Grapefruit

Data	★選び方と食べごろ 持ったとき重量感が あり、形は大きく整 ったものを選ぶ。	★品種 マーシュシードレス、 トムソン、レッドブ ラッシュ、スタール	ビーなど。 ★出荷最盛期 一年中	★栄養成分値 （可食部100gあたり） 38kcal

Grapefruit

基本 のカッティング

[ハーフカット]
果肉をスプーンですくって食べる、基本のカッティング。彩りにイチゴやサクランボを添えて。

[ハーフカット]

① グレープフルーツを横半分にカットする。

② グレープフルーツナイフを皮と果肉の間に入れ一周して、果肉をくり抜く。

③ 中心の芯の部分をペティナイフでカットし取り除く。

④ 房から取りだしやすいように、袋と果肉の間にナイフを入れる。

Grapefruit

[ハーフカップ盛り]

[ハーフカップ盛り]
果肉に切り目が入っているので食べやすいカッティング。
お年寄りや子供、また、おもてなしに最適。

❶ 横半分にカットし、中心の芯の部分をペティナイフで取り除く。

❷ グレープフルーツナイフを皮と果肉の間に入れ一周して、果肉をカット。

❸ さらにグレープフルーツナイフを深く入れ、果肉を底から切り離す。

❹ 果肉をひっくり返して、皮のカップに戻し入れる。

❺ 果肉にナイフを入れ、食べやすいようにカットする。

Grapefruit

［くし形切り］

❶ グレープフルーツを縦半分にカットする。

❷ 芯の部分をV字形にカットする。さらに4等分にカットする。

❸ 皮と果肉の間にナイフを入れ、皮の2/3のところまでカットする。P16は最後までカットしたもの。

応用のカッティング

［くし形飾り切り］

A　B　C　D　E

グレープフルーツのくし形切りは、皮を付けておくと食べやすい。飾り切りのバリエーションを知っておくと、おもてなしやスイーツの飾りに重宝。

［くし形飾り切りA］

❶ くし形切りの皮の部分にハの字の切り込みを入れる。

❷ 皮の先を内側に折り込む。両耳が立っているラビット（ウサギ）の飾り切りのでき上がり。

Grapefruit

［くし形飾り切り B］

皮の先端の部分をV字にカットする、シンプルな飾り切り。

［くし形飾り切り C］

皮の片側に斜めの切り込みを入れる。

皮の内側に折り込む。片耳の飾り切りのでき上がり。

［くし形飾り切り D］

皮の片側に斜めに4本の切り込みを入れる。

皮を内側に折り込むと、切り込みが開いた飾り切りのでき上がり。

［くし形飾り切り E］

皮の片側を斜めに深く切り落とす。

Grapefruit

[グレープフルーツのバスケット]
切り込みを入れた皮を持ち上げてバスケットの持ち手に。子供に喜ばれそう。パーティーにも最適。

[グレープフルーツのバスケット]

❶ グレープフルーツの枝付きの方から1/3ほどのところをカットする。

❷ グレープフルーツナイフで皮と果肉の間に切り込みを入れ、ぐるりとまわす。

❸ グレープフルーツの皮と果肉を切り離し、果肉を取りだす。

❹ くり抜いた果肉を、食べやすい大きさにカットする。

❺ 皮のフチを5mm幅に左右からカット、2ヵ所を1cmほど切り離さずにおく。

❻ 切った皮の部分を持ち上げて中央をリボンで結び、バスケットにする。

メロン

網目(ネット)があるものと網目がないものに分かれ、果肉の色には、緑・赤・白などがある。お尻(花落ち部分)が一番甘いので、縦に等分にカットするくし形切りを基本に、見栄えのする飾り切りなど目的に合わせて。皮が厚いので、薄皮をそいでおくと食べやすくなる。

切り違い切り・斜め切りの2種盛り(P26)

Melon Data

★選び方と食べごろ
マスクメロン：網目が細かくはっきりとしていて、お尻(花落ち部分)は小さくしまり、枝は太く、しっかりしているものがよい。お尻の部分がやわらかくなり、香りが強くなったら食べごろ。
プリンスメロン：枝が大きく、お尻(花落ち部分)が小さくしまったもの、果皮が色白のものほど熟している。**ハネジューメロン**：果皮に傷がないものを選ぶ。

★品種
マスクメロン、ハネジューメロン、プリンスメロン、アンデスメロン、夕張メロンなど。

★出荷最盛期
5～8月

★栄養成分値
(可食部100gあたり)
42kcal

Melon

キホンの タネの取り方・皮のむき方

[タネの取り方]

❶ まず枝付きの部分をさけ、縦に半分にカットする。

❷ タネの筋の両端の2ヵ所をカットしておくと、タネの部分をきれいに取ることができる。

❸ 果肉が傷つかないように、くり抜きスプーンでタネを取り除く。

[皮のむき方]

❶ くし形にカットしたメロンをまな板の上に立て、お尻の部分の皮と果肉の間にナイフを入れる。

❷ 皮のカーブにそうように、ナイフをすべらせながらすすめる。

❸ まな板にそわせて一気に最後までカットする。こうするとなめらかな切り口になる。

[薄皮のむき方]

❶ 一方の端を切り離さず皮をカット、さらに皮の内側にナイフを入れる。

❷ 皮の厚みをそいで薄くすると皮の細工がしやすくなり、果肉も食べやすい。

Melon

基本 のカッティング

B 薄皮あり

A 薄皮なし

C 薄皮あり

A 薄皮をそいでカットしてから、皮を折り込む。
BC 薄皮をむかずに、皮と果肉の間にはさみ、アクセントにしたもの。

［くし形切り］

❶ 一方の端を切り離さないよう、皮と果肉の間にナイフを入れてすべらせる。

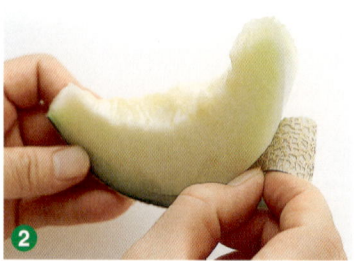

❷ 皮を果肉の間にはさみ込む。

［スライス切り］

  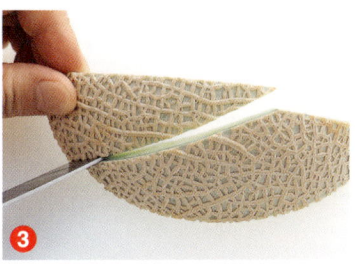

❶ 半分にカットしたメロンを、さらに1/4にカットし、くし形切りにする。

❷ 皮を切り離し、果肉にナイフを斜めに入れて適当な厚みにスライスする。

❸ ❷で切り離した皮の部分を斜めに2つ切りする。

［メロンのサークル盛り］
レッドメロンと盛り合わせたサークル盛り。
皮とともにサークル状に盛り、中央にベリー類を添える。

Melon

応用のカッティング

[切り違い切り・
斜め切りの2種盛り]
メロンを食べやすくカット。果肉をずらして皮に盛ることにより、おしゃれ感を演出。

[1/8カット ① 切り違い切り]

❶ メロンを半分にカットし、さらに4等分にして1/8カットにする。

❷ 皮と果肉の間にナイフを入れ、一気にカットして皮を切り離す。

❸ 果肉を食べやすい大きさにカットし、果肉をずらして皮にのせる。

[1/8カット ② 斜め切り]

❶ 1/8カットのくし形切りにし、両端の果肉を少し残して、ハの字にカットする。

❷ 中央部分の果肉を皮から切り離し、斜め切りした果肉をずらして皮に盛る。

Melon

［メロンのトライアングル］

❶ メロンを半分にカットし、さらに2等分にして1/4カットにする。

❷ 横に半分にカットして、皮と果肉を切り離し、皮にのせる。

［メロンのトライアングル］
1/8カットのメロンを三角形にカット。他のフルーツとの盛り合わせにも重宝するカッティング。ずらして盛るところがポイント。

Melon

[くし形飾り切りABC]

[くし形飾り切りABC共通]

❶ 端を1/3残して、皮を厚めにカットする。

A

❷ 皮の部分をV字形にカットする。

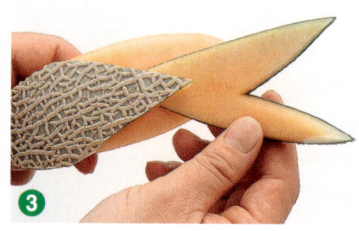

❸ V字形にカットした皮を、裏返してさし込む。

B

❷ 皮の内側にナイフを入れて、薄皮をそぐようにカットする。

❸ 皮の先端の部分をV字形にカットする。

❹ 皮の両サイドにV字形の浅い切り込みを4個入れる。

C

❷ 薄皮をそいでから、皮の先をW字形にカットするが、まずV字にカット。

❸ 次にもう1回V字形にカットし、2本のV字形に切り込んで、W字形にする。

❹ 皮に小さなダイヤ形の切り込みを入れ、皮をはがし、透かしの飾りを入れる。

❺ 皮の片側にV字形に2個切り込みを入れる。

❻ 皮と果肉を切り離さないよう、端をカットする。

❺ 皮と果肉の間に❸でカットした皮を裏返してはさみ、飾りにする。

スイカ

ウォーターメロンといわれるように、果汁たっぷりのフルーツである。
果汁を逃がさないように、刃渡りの長いナイフを使って、
食べやすくカットすることが大切。皮を器に利用したカップ盛りは、
他のフルーツにも応用できる。

スライス切りとスイカボールの2種盛り(P32)

Watermelon

Data	
★選び方と食べごろ 縞模様がはっきりとしていてツヤがあり、枝は太くしっかりとし、お尻（花落ち部分）が小さくしまったものを選ぶ。 ★品種 大玉スイカ、小玉スイカ、黒部スイカ、ラグビーボールなど。 ★出荷最盛期 6〜7月	★栄養成分値 （可食部100gあたり） 37kcal

Watermelon

基本 のカッティング

［くし形斜め切り］

① 皮にナイフの先で数ヵ所突いておくと身割れが防げる。

② 正面から見て張りの強い方にナイフを入れ、斜めに半分にカットする。

③ 垂直に切り落として、さらに半分にカット（1/4カット）する。

④ ③をさらに半分にカットして1/8のくし形にし、斜め切りする。

［切り違い切り］

① 1/8カットのくし形にして、皮と果肉の間にナイフを入れて切り離す。

② 果肉に縦に切り目を入れる。

盛りつけ♪

交互にずらして盛りつける切り違い切り。フォークで食べられるカッティング。

Watermelon

[スライス切り]
スライス切りにしたスイカを、少しずらしながら器に丸く盛る。見た目もきれいで、皮付きなので食べやすい。果肉の色が違うスイカを、くり抜きでボール状にくり抜いたものを添えて。

[スライス切り]

❶ 1/8カットのくし形切りにする。

❷ 皮を手前にして横に寝かせ、手早く、斜めに薄くスライスする。

Watermelon

[ハーフカップ盛り]
❷で切り離した果肉をくり抜きでボール状にくり抜き、カップに盛る。
果肉の色の違うスイカを使えば、おしゃれなハーフカップ盛りのでき上がり。

[ハーフカップ盛り]

❶ スイカを横に半分にカットする。端をやや厚めにカットする。

❷ 皮と果肉の間にナイフを入れ、ぐるりとまわして切り、果肉を切り離す。

❸ ❶でカットした端をリング状になった皮の内側に入れ、底にしてカップにする。

Pineapple

パイナップル

皮は、亀甲紋状の小果に覆われているので、
タネはないが硬いのが特徴。よって、皮は厚めにむき、果肉の中心の硬い芯を切り取ってから、
カッティングにすすみましょう。皮の模様や葉などを生かした
カヌーなどは、食べやすくなり、見た目もおしゃれ。

ハーフカット盛り（P39）

Pineapple

| Data | ★選び方と食べごろ
葉がしっかりとしていて、皮が張っているものを選ぶ。お尻（枝付き部分）が黄色くなり、やわらかくなったら食べごろ。 | ★品種
スムースカイエン、ブランコ、クイーン、ゴールデンパインなど。 | ★出荷最盛期
一年中 | ★栄養成分値
（可食部100gあたり）
51kcal |

Pineapple

キホンの 葉の取り方・皮のむき方ＡＢ

[葉の取り方]

❶ 果肉を傷めずに葉だけを取る方法。葉をつかみ、左右にまわして取る。

❷ 硬い場合は、2〜3回左右にまわすと、すっぽりと芯の部分から抜き取れる。

❸ 葉を抜き取った中央のくぼみ。芯抜きで芯を抜く場合は、ここにさし入れる。

[皮のむき方Ａ]

❶ 葉の方と枝付きの方の両端をカットする。

❷ POINT! パイナップルを立てて、茶色の芽の部分の内側にナイフを入れ、縦に皮をカットし一周させる。

[皮のむき方Ｂ]

❶ 葉を抜き取り、両端をやや厚めにカットする。

❷ 茶色い芽の内側に長いナイフを入れ突き通す。ぐるりとまわしながらカットする。

❸ パイナップルを一周させて、皮と果肉の部分を切り離す。

Pineapple

基本 のカッティング

斜めスライス切り

スティック切り

POINT!

[斜めスライス切り・スティック切り 共通]

① パイナップルの果肉を立て、中心にナイフを入れて半分にカットする。

② 芯の硬い部分に、V字形にナイフを入れて、芯を取り除く。

③ V字形にカットした中心にナイフを入れ、1/4カットにする。

[斜めスライス切り]

④ 1/4カットのパイナップルの果肉を横にして、三角形になるように斜めにスライスする。

[スティック切り]

④ 1/4カットのパイナップルを縦に斜め切りし、三角形のスティック状にカットする。

アレンジ♪

[斜めスライス切り]の④で、縦にスライスにカットしたもの。

Pineapple

輪切り

半月切り

[輪切り・半月切り 共通]

① パイナップルは、皮をむいたのちに芯抜きをさし込み、芯を抜き取る。

[輪切り]

② 芯を抜き取ったら、均等な厚みの輪切りにする。

[半月切り]

② 芯抜きで丸くきれいに芯を取り除き、半分にカットする。

③ 均等な厚みの半月切りにする。

Pineapple

応用のカッティング

舟のカヌーに見立てた食べやすいカッティング。切り違い切りのバリエーション3種。芯のあるなしで表情も変わるので、目的に合わせて活用したい。

[カヌー ABC]

① 葉付きのまま1/4カットし、芯の部分を残して、皮の茶色い芽の内側にナイフを入れる。

② 芯の部分の下側にナイフを入れ葉元までカットし、果肉を取りだす。

③ 果肉を6〜8切れにカットする。

④ Aは芯を全部カットし、Bは残したまま、Cは芯を少し残してカットする。❸の果肉を皮に戻し、ずらして盛る。

Pineapple

[ハーフカット盛り]
1/2カットのハーフカット盛りの応用。さらに1/4カットにし、半分は皮をむき、スライス切りに。残り半分は、皮を少し残してから、スライス切りにする。フォークを使うカットと、そのまま手に持って食べられるカットの盛り合わせ。

[ハーフカット盛り]

❶ 1/2にカットしたパイナップルの皮をむき、V字形に芯の部分をカット。

❷ 1〜1.5cmの厚みにカットする。

Kiwifruit

キウイフルーツ

ニュージーランドのキウイという鳥に似ていることから、キウイフルーツと命名された。果肉の色には、緑・ゴールドがあり、お尻（花落ち）の部分が一番甘いので、用途に合わせて使い分けるとよい。皮を生かしたカップ盛りやフラワーカットは、盛り合わせのアクセントに。

輪切り・ハーフカップ盛り・フラワーカットBの3種盛り（P43）

Kiwifruit

Data	★選び方と食べごろ	★品種	★出荷最盛期	★栄養成分値 (可食部100gあたり)
	押してみて、少しやわらかいものは甘みがあっておいしい。	ヘイワード、ブルーノ、アボット、ゴールドキウイなど。	5～11月	53kcal

Kiwifruit

キホンの 皮のむき方 ABCと 輪切り

[皮のむき方AB共通]

① キウイは枝付きの方を薄く切るが、突起状の芯も一緒に取る。

A

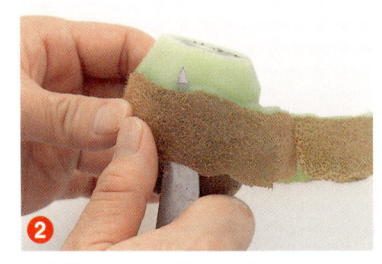

② 皮を横にらせん状にむく。

B

② 花落ちの方も切り、皮を縦にむく。向こうから手前にむく。

③ 皮をむいたら横長におき、均等な厚みの輪切りにする。

輪切り

C

① キウイは皮付きのまま両端を切り落とし、横に半分にカットする。

② ❶の皮と果肉の間にナイフを入れ、ぐるりと回転させ皮をむく。

③ 皮をむいたのちに、均等な厚みの輪切りにする。

Kiwifruit

基本 のカッティング

［半月切り・トライアングル共通］

① 皮をむいたキウイは縦長に半分にカットし、芯をV字形にカットする。

［半月切り］

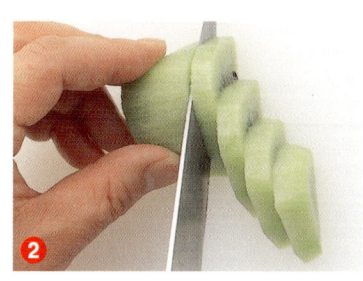

② 均等な厚みの半月切りにする。多目的に使えるカッティング。

半月切り

［トライアングル］

② 縦に半分してから1切れを斜めに切り、三角形（トライアングル）にする。

トライアングル

応用 のカッティング

［ハーフカップ盛り］

① キウイは皮付きのまま縦に半分にカットする。

② 果肉をグレープフルーツナイフでくり抜く。

③ 果肉を、縦に半分にカットする。

Kiwifruit

[輪切り・ハーフカップ盛り・
フラワーカットの3種盛り]
基本のカッティングと皮を生か
したカップ盛りやフラワーカッ
トの盛り合わせ。
他のフルーツとの盛り合わせの
アクセントにも。
＊[輪切り] P41、[ハーフカップ
　盛り] P42、[フラワーカット B]
　P44

盛りつけ♪

❹
❸でカットした果肉を、もとの皮の
カップに立体的に盛る。

Kiwifruit

[フラワーカット]

A

❶ 皮をむいてから、果肉に浅く縦にV字形の溝を5～8ヵ所くらい入れていく。

❷ 横にして食べやすい厚みにカットする。切り口が花形になる。

A

B

B

❶ ペティナイフの刃先を使って、山形に深く切り込んで一周する。2つに分けるとフラワーカットになる。

Kiwifruit

[キャンドル]

❶ キウイは両端を切り落とし、皮は下側1/3を残し、1cm幅にむく。

❷ ぐるりとむき終わったら、1枚ずつ内側に皮を丸めて、はさむ。

❸ 上になる方の切り口の中心に、くり抜きで丸いくぼみをつくる。

[キャンドル]
❸でくぼみをつくったところに、ボール状にくり抜いたレッドメロンを、炎に見立ててのせる。スイカ、パパイヤなどでもよい。

45

Papaya

パパイヤ

枝付きの方は厚めに、花落ち（お尻）の方は甘みが強いので、薄く切り落としてから使う。タネは、スプーンやくり抜きを使って、果肉を傷めないようにていねいに取り除く。香りが気になるときは、レモンを絞りかけるとよい。皮を生かしたカッティングは、ぜひマスターしたい。

切り違い切り・扇切り盛りの2種盛り（P49）

Papaya Data

★選び方と食べごろ
果皮がきれいで、ふっくらとしてボリュームがあるものを選ぶ。皮が色づき、やわらかくなったら食べごろ。

★品種
ソロ種、サンライズなど。

★出荷最盛期
一年中

★栄養成分値
（可食部100gあたり）
38kcal

Papaya

基本 のカッティング

半月切り

[皮のむき方〜半月切り]

❶ パパイヤは花落ちの方を薄く切り落とし、枝付きの方は厚めに切り落とす。

❷ パパイヤを手に持ち、皮を花落ちの方から手前へ、丸みにそってむく。

❸ 皮をむいたのち、果肉を縦に半分にカットする。

❹ 手に持って、スプーンかくり抜きでタネと筋を取り除く。

❺ 切り口を下にしておき、均等な厚みにスライスして半月切りにする。

Papaya

[くし形切り]

1 1/8のくし形切りにして、皮と果肉の間にナイフを入れ、皮の2/3までカットする。

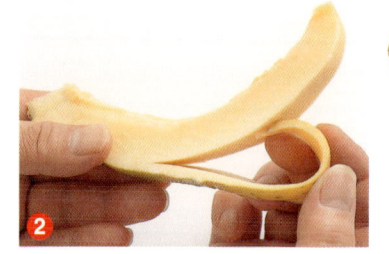

2 皮の部分を内側に折り返してはさむと食べやすく、飾りにもなる。

1/8のくし形切り2種。皮を付けたまま、飾り切りにしたものと、皮をむき、その皮を使って盛りつけたもの。出番の多いカッティング。

応用 のカッティング

Papaya

［扇切り・切り違い切り 共通］

❶ 1/4カットにしてから両端を斜めにカットし、皮を切り離す。

［扇切り］

❷ 果肉を取りだし、片一方の端1cmを残し縦に細く切り目を入れ、扇形に開く。

［切り違い切り］

❷ 果肉を取りだし、5〜6切れにカット。

❸ ❶の皮の上に、❷で切った果肉を交互にずらして盛り、切り違い切りにする。

［扇切り・切り違い切りの2種盛り］
扇切りと切り違い切りの盛り合わせ。皮を利用するとボリューム感がでるので、おもてなしにも最適。レモンを添え、絞って食べる。

Avocado

アボカド

中心にあるタネを、じょうずに取り除くことがポイント。
皮は、熟していれば手でむき、熟していなければナイフでむくか、
くし形切りにしてから手でむくとよい。放置すると、果肉の色が褐色に変化しやすいので、
食べる直前にカットし、レモンの絞り汁をかけておくとよい。

カップ盛り（P53）

Avocado

Data	
★選び方と食べごろ 果皮が黒っぽくないものを選ぶ。黒紫色になり、少し弾力がでてきたら食べごろ。 ★品種 ハス、フェルテ、ベーコン、ズタノなど。 ★出荷最盛期 一年中	★栄養成分値 （可食部100gあたり） 187kcal

Avocado

基本 の カッティング

[タネの取り方 共通]

❶ 縦にタネにとどくまで深めにナイフを入れ、ぐるりと一周切り込む。

❷ アボカドを両手で持って、軽くひねるようにするとツルリと2つに割れる。

❸ ナイフの刃をタネにあて、突きさしてひねるとタネがきれいに取れる。

[皮のむき方〜半月切り]

❶ 刃先で皮に切り目を入れる。

❷ その切り目から、手ではがすように皮をむく。

❸ 切り口を下にし、横に薄くスライス切りにする。

半月切り

Avocado

[くし形切り〜皮のむき方]

くし形切り

① 縦に半分にカットし、タネを取り除いて、4等分のくし形切りにする。

② 皮と果肉の間にナイフを入れ皮をむく。やわらかければ手でもむける。

応用 のカッティング

[アボカドの輪つなぎ]
タネを取り除いた部分の大きな穴を利用した飾り切り。デザイン的に楽しんでみては？

[皮のむき方〜輪切り]

① 横1/2のところにナイフを入れ、タネまで深くぐるりと切り目を入れる。

② アボカドを両手で持ち、ひねって2つにし、ナイフの刃をさしてタネを取る。

③ 輪切りにして輪に切り目を入れ皮をむき、1ヵ所に切り目を入れ、別の1切れの輪にくぐらせる。

Avocado

［アボカドのカップ盛り］

❶ アボカドを皮付きのまま縦に半分にし、タネを取り除く。

［アボカドのカップ盛り］
タネのあった部分を利用したカップ盛り。他のフルーツと盛り合わせてもおしゃれ。
褐色になるのを防ぐレモンを添えて。

❷ 半分はカップの器として、もう半分は1/4等分にカットする。

❸ くし形にカットしたアボカドの皮をむく。

❹ 斜めにスライスして、ハーフカットしたアボカドの上に形よく盛る。

Mango

マンゴー

果肉の真ん中にある、マンゴー特有の板状のタネを取り除くことがポイント。
タネの上下に水平にナイフを入れ、
魚の三枚おろしの要領で2枚の果肉に。さらに、スライス切り、亀の子切りにすれば、
食べやすく、見た目も美しい。タネの周りの果肉は、ジュースやスイーツに。

マンゴーカップ（P57）

Mango

| Data | ★選び方と食べごろ
果皮がきれいでなめらかなものを選ぶ。やわらかくなったら食べごろ。 | ★品種
カラバオ、ヘイデン、ケイトなど500種以上。フィリピン産の呼び名はイエローマンゴー（ペリカンマンゴー）、メキシコ産の呼び名はアップルマンゴー。 | ★出荷最盛期
4〜8月
★栄養成分値
（可食部100gあたり）
64kcal |

Mango

基本 のカッティング

[スライス切り]

❶ 枝付きの方から平たいタネにそってカットし、返して同様にカットする。

❷ タネを取り除いた2枚の果肉は、それぞれ3つ切りにする。

❸ さらに、皮と果肉の間にナイフを入れ、皮を切り離す。

❹ 斜めにナイフを入れてスライスすると食べやすい大きさになる。

スライス切り

Mango

[亀の子切り（ダイスカット）]

① 3枚にカットしてから、皮は残して果肉だけに格子状の切り目を入れる。

② 皮の中央を押すようにして返すと、切り目が開いて亀の甲羅のようになる。

亀の甲羅に似ていることから、通称亀の子切りという、マンゴー独特のカッティング。斜めに格子状にカットしてもよい。

応用 のカッティング

[クォーターカット]

① タネまで垂直にナイフを入れ、横からタネにそってカット。

② 1/4にカットした果肉と皮の間にナイフを入れて皮をカット。果肉を食べやすい大きさにカットする。

③ マンゴーのカットした部分に❷でカットした果肉を戻し入れる。

Mango

[マンゴーカップ]
マンゴーのカップ盛り。皮と果肉を傷つけないことがポイント。ボリュームもでて食べやすい。クラッシュアイスを敷いてもOK。

[マンゴーカップ]

❶ 3枚にカットしてから、皮の丸みにそってペティナイフを入れて、果肉をくり抜く。

❷ 果肉を斜めの薄切りにして、❶の皮のカップに盛る。

Lemon & Lime

レモン・ライム

脇役として、料理、スイーツ、飲み物などに欠かせないレモンとライム。覚えておくと便利な、果汁が絞りやすくなるカッティング、盛りつけの彩りになるカッティングをご紹介しましょう。レモンとライムのジョイントで、おしゃれな演出を。

花びらカットB（P62）

Lemon & Lime

| Data | ★選び方と食べごろ
持ったとき重量感があり、果皮にツヤと張りがあるものを選ぶ。 | ★出荷最盛期
一年中 | ★栄養成分値
（可食部100gあたり）
54kcal |

Lemon & Lime

キホンの くし形切りＡＢＣ

[くし形切り ABC 共通]

❶ 果汁を絞るためのカッティングのポイントは、レモンを転がして果肉をほぐしておくこと。

❷ レモンをまず縦に半分にし、さらに4等分し、1/8 カットにする。

Ａ

❸ 1/8 のくし形切りを斜めに 1/2 カットする。果汁が絞りやすいカッティング。

Ｂ

❸ 1/8 カットのくし形切りの皮と果肉の間にナイフを入れ、皮を切り離す。

❹ 皮を厚めに切り込み、皮の内側の白い部分をカットする。

アレンジ♪

薄皮を 2/3 まで切り込んだら、折り返して皮と果肉の間にはさむ。

Ｃ [果汁が絞りやすいくし形切り]

❸ 1/8 のくし形切りの果肉に、3〜4本切り込みを入れる。

❹ 端を持って切り口を開く。

横に半分にカットしてからくし形切りにした場合、房ごと切り目が入っているので、そのまま開く。

Lemon & Lime

応用 のカッティング ［くし形飾り切り］

A

① くし形切りした皮の両側に、細く切り込みを入れる。

② 切り込んだ細い皮の部分をくるりと輪にし、端を皮の両サイドではさむ。

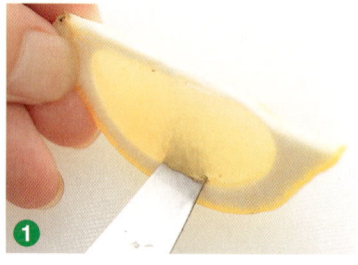

B

① くし形切りしたレモンの皮の内側を果肉にそって切り、両端は切り離さない。

② 上部の白い薄皮と果肉の間にナイフを入れ、果肉だけを切り離し皮に戻す。

C

① くし形切りした皮の両サイドを、反対方向に細い切り込みを入れる。

② 切った端をそれぞれ丸めて、皮の側にはさんで飾りにする。

D

① **A**のように両サイドを切り、さらに中央の皮も内側に返してはさむ。

Lemon & Lime

[バタフライカット]

A

① レモンの端をやや厚めに切り落とす。

② 薄く切り込み、中心までで止めて、さらに、薄く切り込みを入れて切り落とす。

③ 切り込みを入れた反対側を中心まで切り込む。

④ ひねって立てるようにし、切り口を下にしておく。

B

① Aと同様に、切り込みを2回入れ、3回目で切り落とす。

② ひねって立てるようにしておく。

Lemon & Lime

[花びらカット]

A

① 2枚の薄い輪切りにする。

② 輪切りにしたら、1枚は中心まで切り込みを入れる。

③ 切り口をひねって曲げ、もう1枚の輪切りの上にのせる。

B

① レモンとライムの輪切り2枚に切り込みを入れる。1枚は中心まで、もう1枚は皮までカット。

② 2枚の切り口を交差させるように組み合わせて、立てるようにする。

B

A

Lemon & Lime

輪切りリボン

ハーフカット

［輪切りリボン］

① 輪切りにしたライムの皮をぐるりとまわしてカットし、最後の1cmを残す。

② 皮の中心のところをカットする。

③ 両端を持ち、リボンのようにカットした皮を結ぶ。

［ハーフカット］

① ライムを横に半分にカットする。

② 皮のフチから中心まで、V字にカットすると果汁が絞りやすい。

③ 皮を切り口にそって細くリボン状にカットし、端を結ぶ。

Apple

リンゴ

品種によって、甘み、酸み、香りなど、それぞれ違った個性を楽しめるのも魅力。皮にも栄養があるので、皮目を生かしたカッティングをマスターしたいもの。くし形飾り切りのバリエーションも多いので、見栄えのする盛り合わせができる。リーフカット、スワンができたら人気の的に。色が変わらないうちにカットすること。

アップルボート・リーフカットの2種盛り（P69）

Apple Data

★選び方と食べごろ	★品種		★栄養成分値
果皮に張りがあり、色がよくでているもの、また、ポンとたたいて、澄んだ音がするものを選ぶ。	陸奥（むつ）、ふじ、つがる、紅玉、デリシャス、スターキングデリシャス、あかね、印度、北斗、王林、世界一、ジョナゴールド、国光など。	★出荷最盛期 10〜4月	（可食部100gあたり） 54kcal

Apple

キホンの 皮のむき方ＡＢＣ

A ［皮のむき方〜輪切り］

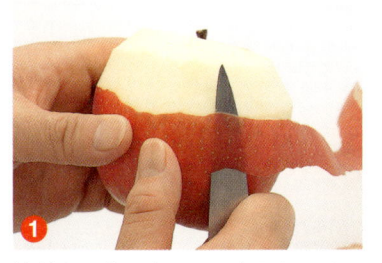

1 枝付きの方からナイフを入れ、リンゴをまわしながら、らせん状に皮をむく。

2 小型フルーツ用の芯抜きで芯をくり抜く。

3 食べやすい厚みにカットし、輪切りにする。コンポート用にも OK。

B

1 枝付きと花落ちの両端を薄く切り落とす。

2 枝付きを上にし、ナイフで、上から下に薄く皮をむく。

輪切り

C ［皮のむき方〜くし形切り］

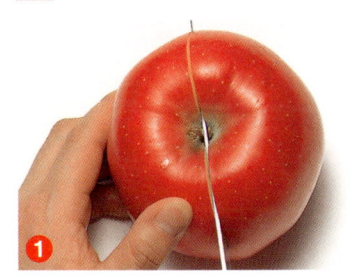

1 皮付きのまま半分にカットし、さらにカットし、8等分のくし形切りにする。

2 リンゴを持ち、向こうからナイフを入れ、手前に丸みにそって皮を一気にむく。

3 芯にそって浅くカーブを描くようにして芯をカットする。

Apple

基本 のカッティング

[半月切り]

半月切り

① 両端を薄く切り落としたら、皮をむき、縦に半分にカットする。

② 芯の部分をV字形に切り込み、取り除く。

③ リンゴを横にしておき、食べやすい厚みの半月切りにする。

応用 のカッティング

[くし形飾り切り]

B　皮を斜めに切り込んだところまでむき、切り離した皮の部分を少しずらす。
C　皮目にV字の切り込みを入れ、さらに、皮の両サイドもV字の飾り切りにする。
A　バリエーション　①A❶と同様に、皮目にV字の切り込みを入れる。②切り込みを入れたところまで、皮をむき、その部分の皮を切り離す。

A バリエーション

A

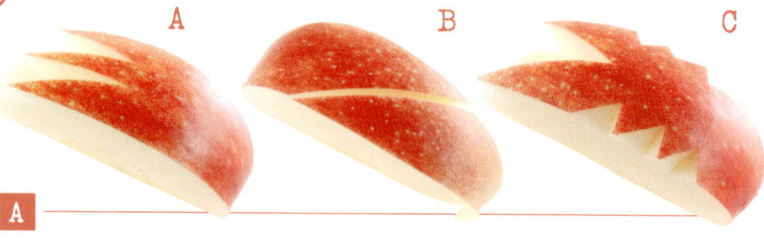

① ペティナイフの刃先を使って、皮目にW字の切り込みを入れる。

② 切り込みを入れたところまで、皮をカットし、その部分の皮を切り離す。

Apple

[リンゴの花盛り]

リンゴの皮を花びらのように飾り切りにし、放射状に盛って、中央にライムのフラワーカット（P44　B応用）を添えた。リンゴとリンゴの間に、いろいろなフルーツの飾り切りを盛りつけても美しい。

[リンゴの花盛り]

❶ くし形に切ったリンゴの芯を、すわりのよいように直線にカットする。

❷ くし形の両サイドの皮のフチの部分を、ピーリングナイフで花びら形に細く切る。

❸ 皮を向こうから手前に一気にむく。皮の厚みを平均にむくこと。

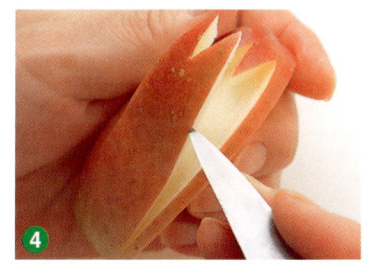

❹ ❷でカットした皮の内側の部分をナイフで持ち上げて取り除く。

Apple

[リーフカット]

① 皮付きのまま、縦に半分にする。

② さらに縦に半分にし、1/4のくし形切りにし、芯の部分を平らにカット。

③ 手に持ち、下部からV字形にカットする。さらに上に向かってV字形にカットする。

④ 最後までV字形にカットし、大きい方から順にずらして、木の葉形にする。

リーフカット

[アップルボート]

① くし形切りにしたリンゴをリーフカットと同様にカットし、下部を平らにカット。

② ❶のいちばん下のカットした部分は残し、上部を揃えて中央をカットする。

Apple

[アップルボート・
リーフカットの2種盛り]
アップルボート、リーフカット
ともに、上部にいくに従って薄
くなるように切るのがポイント。
アップルボートはリーフカット
の応用。皮目の幅、切り口が揃
ってきれいにできれば上出来。

アップルボート

❸
いちばん下のＶ字形のリンゴを台に
して、左右にずらしながらのせてい
く。

69

Apple

[リンゴのスワン]

① リンゴは色、形のよいものを選び、1/4ぐらいのところを切り離す。

② 1/4のリンゴの切り口を下にし、丸みのある両端をカット、真ん中を首にする。

③ 真ん中の部分の切り口を手前にして、顔の部分をくさび形にカットする。

④ 切り口を上にし、果肉をカーブさせてカットし、長い首の部分をつくる。

⑤ ❶の切り口を下に、花落ち（お尻）の方を手前にして上部と両サイドをV字形に切る。

⑥ さらに、その間にもV字形の切り込みを4ヵ所（合計で5ヵ所）入れて胴体にする。

Apple

[リンゴのスワン]
高度なテクニックを要する5ヵ所の羽根をリーフカットにカッティングしたスワン。

まずはこれから♪

リンゴの皮目を生かして首と顔をつくったスワン。リーフカットも、上部と左右の3ヵ所にした。5ヵ所の羽根のスワンよりもつくりやすいので、この形のスワンから練習しましょう。

❼ 5ヵ所のV字形の切り込みを、それぞれリーフカット（P68）して、羽根にする。

❽ ❹の首をスティックでさしてとめ、羽根の部分をずらすと、スワンの完成。

71

Grape

ブドウ

品種によって皮の色が違う特色を生かしてカッティング。
皮をむきやすいように、ナイフで切れ目を入れ、フラワーカット、つくばねに。
こうすれば、ブドウだけの盛り合わせもゴージャス。
フルーツ盛り合わせのアクセントにも最適。

ブドウの3種盛り(P73)

Grape Data

★選び方と食べごろ
色が濃く、粒が張っていて、枝が緑色のものを選ぶ。緑色のブドウは、やや黄色っぽい方が甘い。

★品種
デラウェア、マスカット・オブ・アレキサンドリア、ネオ・マスカット、レッドグローブ、巨峰、ピオーネ、甲州、甲斐路（かいじ）など。

★出荷最盛期
7～10月

★栄養成分値
（可食部100gあたり）
59kcal

Grape

[フラワーカット]

① 枝付きの方を水平にカットしてから、ブドウを1粒ずつ房からはずし、皮だけに十文字の切り目を入れる。

② 切り目の部分の皮を手でむき、皮を花びらのようにふくらませる。

フラワーカット

[つくばね]

① 枝付きの方を水平にカットしてから、十文字に切り目を入れ、さらにその間にも十文字に切り目を入れる。

② 1つおきに皮をむいて、つくばねの羽根のようにする。

つくばね

アレンジ♪

[ブドウの3種盛り]
ブドウ狩りのシーズンにこんな趣向はいかが？
フラワーカット、つくばね、ツートンカラーをブドウの房のように盛り合わせて。

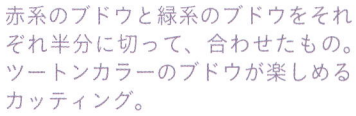

赤系のブドウと緑系のブドウをそれぞれ半分に切って、合わせたもの。ツートンカラーのブドウが楽しめるカッティング。

73

Peach

モモ

タネの取り方がカッティングのポイント。
皮は熟していれば、手で簡単にむける。モモは皮が薄く、果肉もやわらかいので、
すぐに褐色に変化しやすく、果汁が流れやすいのも特徴。
手早く、やさしく扱いながらカットしましょう。

くし形切り盛り（P75）

Peach Data

★選び方と食べごろ
形が整ったもので、赤みがさしたものを選ぶ。縫合線（へこんだ部分）はあまり深くないものがよい。

★品種
白鳳、白桃、ゆうぞら、黄金桃、ネクタリンなど。

★出荷最盛期
7〜8月

★栄養成分値
（可食部100ｇあたり）
40kcal

［タネの取り方 A］

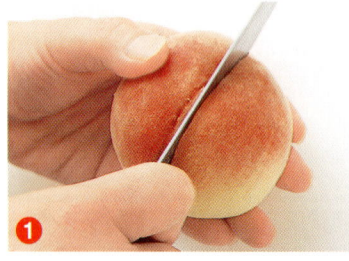

① モモの中央に入っている筋をさけてナイフを入れ、タネの深さまでぐるりと一周カットする。

② 両手でやさしく持ち、左右にねじるようにすると、タネが果肉の一方に付いて割れる。

③ タネの付いている方を持ち、ナイフの刃先で、タネを取り除く。

[タネの取り方 B]

① モモの枝付きの方にグレープフルーツナイフをさし込み、ぐるりとまわしてタネを取り除く。

[皮のむき方 A]

① 適度に熟している場合、タネを取り、枝付きの方から果頂部に向かって手で皮をむく。

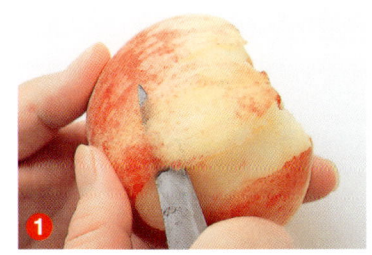

[皮のむき方 B]

① 枝付きの方から果頂部に向けて、ナイフで縦に皮をむく。

[くし形切り〜皮のむき方 C]

① 半分にカットしたモモをさらに、4等分にカットして、くし形切りにする。

② くし形切りしたモモを、まな板の上に立てぎみにして、皮と果肉の間にナイフを入れる。

③ まな板にそわせてナイフをすすめ、皮を一気にカットする。

[くし形切り盛り]

① タネを取り除き、皮をむいてから半分にカットする。

② さらに4等分にカットし、放射状に盛り合わせる。

Strawberry

イチゴ BOOK ONLY

そのまま食べることが多いイチゴも、カッティング次第で
目先が変わるもの。スライス切りは、フルーツサンドやショートケーキなどのスイーツに大活躍。
フラワーカット、リーフカットも食べやすく、子供やお年寄りにも
喜ばれるカッティング。

Strawberry Data

★選び方と食べごろ
ヘタは鮮やかな緑色で赤みが全体にまわり、ツヤがあって、形がしっかりしているものを選ぶ。
★品種
とちおとめ、あまおう、とよのか、さちのか、アイベリー、女峰など。
★出荷最盛期
2〜4月
★栄養成分値
（可食部100gあたり）
34kcal

リーフカット（P77）

[スライス切り A]

❶ ヘタの部分をカットする。

❷ イチゴを縦に、5〜6切れにスライスする。

スライス切り A

Strawberry

［スライス切り B］

① ヘタの部分をカットし、イチゴを5～6切れの輪切りにする。

スライス切り B

［フラワーカット応用］
ボリュームを出すために、フラワーカットを2粒重ねたもの。

1粒の周りに、薄くスライスしたイチゴを巻いた花。

［フラワーカット］

① イチゴは粒の大きめのものを選び、ナイフで縦に切り込みを入れる。

② さらに、十文字にナイフで切り目を入れ、切り口を開く。

［リーフカット］

① V字形に切り込みを3段入れ、切り口をずらすと、リーフ（木の葉）の飾り切りになる。

リーフカット

Persimmon

カキ

お尻（花落ち）の部分が一番甘みが強いので、くし形切りにすると、甘みが平均化する。
皮のむき方には、ぐるりとらせん状にむく場合と、くし形に切ってからむく場合の2種類がある。
らせん状にむいた皮は、カップ盛りに。
食べやすい大きさにカットすることがポイント。

カップ盛り(P81)

Persimmon Data

★選び方と食べごろ
果皮に張りがあり、ヘタの部分は新鮮で色が濃いものを選ぶ。全体に色がまわり、弾力がでてきたときが食べごろ。

★品種
富有（ふゆう）、次郎、西村早生（にしむらわせ）、筆柿、甲州百目など。

★出荷最盛期
10〜11月

★栄養成分値
（可食部100gあたり）
60kcal

Persimmon

基本 の カッティング

[皮のむき方〜くし形切り] POINT!

① カキはまず最初に枝付き（ヘタ）の部分をナイフの刃先でくり抜く。

② くり抜いた切り口からナイフを入れ、皮をらせん状にむく。

③ 皮をむいたのちに、8等分にカットする。

Persimmon

[くし形切り〜皮のむき方] POINT!

① 皮のへこみの筋にそってナイフを入れ、まず縦に半分にカットする。

② ヘタの部分を、V字に切り落とす。

③ 1/2個分を4〜5等分にカットする。

④ 皮と果肉の間にナイフを入れて、2/3ほど皮をむく。

[くし形切り]
くし形切りは、フィンガーフードとして、手を汚さずに食べられるので重宝。

Persimmon

応用 のカッティング

[カキの丸むき盛り]
丸むき盛りは、らせん状にむいた皮を丸めてカップのようにし、その上に6～8等分にカットした果肉を盛る。

[カキのカップ盛り]
ペティナイフかグレープフルーツナイフを使って果肉をくり抜き、食べやすい大きさにカットしてカップに立体的に盛る。

[カキのカップ盛り]

① 枝付き（ヘタ）の方をやや厚めに、まっすぐに切り落とす。

② 皮と果肉の間をグレープフルーツナイフで一周して切り込み、果肉をくり抜く。

Fig

BOOK ONLY イチジク

皮、果肉ともやわらかいので、ていねいに扱うことがポイント。
皮は薄いが、取り除いてからカットすると食べやすい。
わざと皮を生かしたフラワーカットは、スプーンを使うか、手で皮をむいてから食べるとよい。
カットしやすい食べごろを見極めるのが大切。

いちじくのフラワーB（P83）

Fig Data

★選び方と食べごろ
果皮は緑色を帯びた紫赤色で、果実の先端が少し開き、しなびていないものを選ぶ。

★品種
桝井（ますい）ドーフィン、ホワイトゼノア、ビオレドーフィン、ブラウンターキーなど。

★出荷最盛期
8〜9月

★栄養成分値
（可食部100gあたり）
54kcal

［くし形切り］

① 枝付きの方から、縦に半分にカットする。

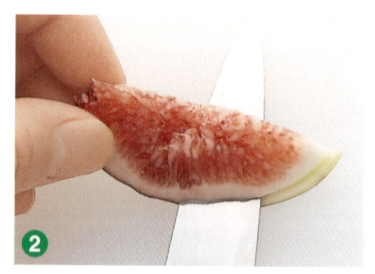

② 8等分に切り、皮と果肉の間にナイフを入れ皮をカットする。

［くし形切り］
皮を生かしたカッティング。果肉をずらして盛ると趣が変わる。

Fig

［イチジクのフラワー A］

① 枝付きの部分をカットし、十文字に切り目を入れて開く。

［イチジクのフラワー A］
皮を取り除くと形がくずれるので、あえて皮をカットせず、手で持って皮がむけるようにカッティング。

［イチジクのフラワー B］

① イチジクの 1/2 くらいのところに、V 字に切り込みを入れる。

② ぐるりと一周カットし、2 つに割ると花になる。

［イチジクのフラワー B］
オレンジの皮を丸めて台に使用。

Pear

洋ナシ

BOOK ONLY

和ナシに比べて、果肉がやわらかく、傷みやすいフルーツ。
時間が経つと褐色に変化しやすいので、
手早くカットするのがポイント。皮の色を生かしたくし形切り、スライス切りなどは、
手に持って食べられるフィンガーフードとしても楽しめる。

Pear Data

★選び方と食べごろ
持ってみて重量感があり、果皮に傷がないものを選ぶ。

★品種
ラ・フランス、バートレット、ル・レクチェ、マルゲリット・マリーラなど。

★出荷最盛期
9～10月

★栄養成分値
(可食部100gあたり)
54kcal

コンポートカットとスライス切りの盛り合わせ

[くし形切り] POINT!

① 洋ナシは縦に1/2にカットして、くり抜きで、タネと芯を取り除く。

② さらに、4等分にカットし、1/8のくし形切りにする。

③ 枝付きの方の細くくびれている部分の皮に斜めに切り目を入れる。

Pear

[スライス切り]

① 縦に4等分にカットする。

② タネと芯を取り、斜めに切り目を入れて皮をむく。

③ 横にしておき、くし形の形にそって薄く縦にスライスする。

④ スライスした切り口を、少しずつずらして扇形にする。

[コンポートカット]

① 枝付きの方のくびれた部分の皮にV字に切り目を入れ、お尻の方から切り目のところまで皮をカット。

POINT!

② お尻の方から芯とタネを取るためにくり抜く。中心のタネにとどくまで2〜3回くり返して、完全にくり抜く。

④ ナイフを皮と果肉の間に入れ、花落ちの方から皮をむく。

⑤ 斜めに切り目を入れたところまできたら、皮を切り落とす。

くし形切り

Pomegranate

ザクロ

カッティングする場合は、頭の果皮が割れていない品種の方が適している。
食用とするタネの周りの部分はジューシーなので、
まな板やふきんにも果汁が付くので注意したい。
皮付きのままザクロ独特の形を残したり、食べやすく皮を切り離すなど変化をつけて。

Pomegranate Data

★選び方と食べごろ
果皮に張りがあるものを選ぶ。
★品種
ワンダフル、ルビーレッド、水晶石榴、大紅石榴など。
★出荷最盛期
8〜11月
（カリフォルニア産）
★栄養成分値
（可食部100gあたり）
56kcal

くし形切り・サークル切りの2種盛り（P87）

[くし形切りと斜め切り]

❶ ザクロの果頂部にナイフを入れる。

❷ 2等分にカットする。断面から果汁がでるので手早くする。

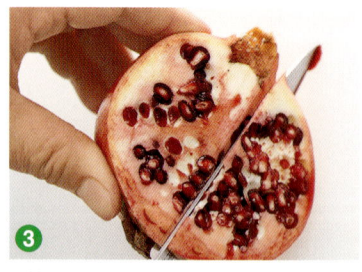

❸ 2等分したものを、さらに3〜4等分にカットして、くし形切りにする。

Pomegranate

[サークル切り]

① ザクロを横にして、果頂部を薄くカットする。

② さらに、均等な厚みの輪切りにする。

③ 皮と果肉の間にナイフを入れ、一周ぐるりとまわして皮をカット。

[くし形切り・サークル切りの2種盛り]
サークル切りを中心に、くし形切りを周りに配した。バランスよく盛る工夫を。

④ 皮と果肉の間に刃先を入れる。

⑤ 皮の先から一気にナイフを入れて、皮を切り離す。

⑥ ❸でくし形切りにしたザクロを皮付きのまま、斜めにカットする。

Kiwano

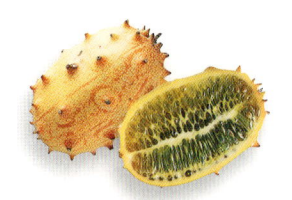

キワノ
BOOK ONLY

タネの周りのゼリー状の果肉を食べる。
フィンガーフード用にカットしたり、果肉を取り出し、食べやすくカットしてカップ盛りにしたり、
このフルーツならではのカッティングを楽しみたい。
やさしい酸味がヨーグルトと相性がよく、デザート感覚でもおすすめ。

輪切り・半月切り・トライアングル・ハーフカップの4種盛り(P88〜89)

Kiwano Data

★選び方と食べごろ
果皮の色が、黄色がかっただいだい色のきれいなものを選ぶ。

★出荷最盛期
1〜6月(ニュージーランド産)、8〜12月(カリフォルニア産)

★栄養成分値
(可食部100gあたり)
41kcal

[輪切り]

❶ キワノは横にして、皮の両端を厚めにカットする。

❷ 均等な厚みにカットして輪切りにする。

[半月切り]

① キワノを縦に半分にカットする。

② 端の皮の部分を厚めに切り落としてから、均等な厚みの半月切りにする。

[トライアングル]

半月切りにカットしてから、さらに1/3にカットし、トライアングルカットにする。

[キワノのハーフカップ]

① キワノは縦に半分にカットしたら、果肉の中心に縦に切り目を入れる。

② 皮と果肉の間にナイフを入れ、皮にそって切り込む。

POINT!

③ 果肉をくり抜くとき、グレープフルーツナイフを使うと、きれいにカットできる。

④ ぐるりと半周して、半分の果肉を皮から切り離す。

⑤ 反対側の果肉も同様にナイフを入れる。

⑥ 果肉をくり抜いたら、皮のカップに戻し入れる。食べやすい大きさにカットしてもよい。

Dragonfruit

ドラゴンフルーツ

サボテンの仲間でピタヤともいう。果肉が赤いものと黄色いものがある。果肉全体にごまのようなものが点在するが、これはタネである。皮に切り込みを入れれば、簡単に手でぐるりと皮がむける。鮮やかな果肉の色を生かして、食べやすくカットすることがポイント。

ドラゴンフルーツの半月切りとオレンジの盛り合わせ

Dragonfruit Data

★選び方と食べごろ
持ってみて、弾力がでてきたら食べごろ。
★品種
レッドピタヤ、イエローピタヤ。
★出荷最盛期
6〜8月
★栄養成分値
（可食部100gあたり）
50kcal

[皮のむき方]

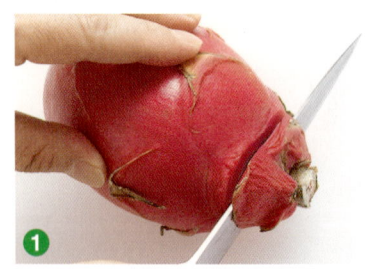

❶ ピタヤを横におき、枝付きの方を先にカットする。反対側も同様にカットする。

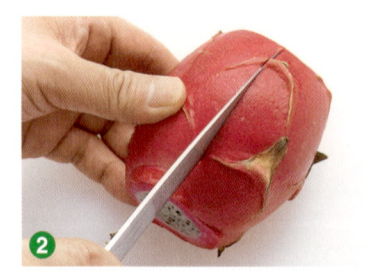

❷ 縦にして、皮にナイフを入れて、皮の厚みだけ、縦に切り込みを入れる。

❸ 切り込みを入れたところから手で皮をめくり、一周ぐるりと皮をむく。

Dragonfruit

[くし形切り]

① 横に半分にしてから、さらに4等分にカットして、くし形切りにする。

[輪切り]

① 皮を取り除いたら、食べやすい厚さの輪切りにカットする。

輪切り

[イチョウ切り]

① ピタヤは両端をカットする。

② 適当な厚みの輪切りにする。

③ 輪切りを半分にカットして半月切りにし、さらに1/2にカットする。

④ 皮をカットしてから、さらに薄くスライスして、イチョウ切りにする。

[トライアングル]

① 縦に半分にしてから、さらに2等分のくし形にし、横1/2に切って皮をむく。

スターフルーツ

果実の断面が星形をしていることから、
スターフルーツと命名された。熟すにしたがって緑色から黄色に変わり、甘みが増してくる。
果肉はサクサクとし、酸みと甘みのバランスがよい。
皮をむいてスライス切りにし、星形を生かすのがベスト。

スターカットとリンゴとナシのくし形飾り切り（P66）、ザクロの盛り合わせ

Starfruit

Data	★選び方と食べごろ	★出荷最盛期	★栄養成分値
	全体が黄色のものを選ぶ。	11～12月	（可食部100gあたり）30kcal

Starfruit

[皮のむき方]

① スターフルーツの両端を薄くカットする。

② 五角形の稜線の部分を、すべてていねいにカットする。

③ 溝のところの皮の部分に、ナイフの刃先で切り目を入れる。

④ 稜線のところから溝の方へ向かって皮を薄くむく。

[スターカット]

[スターカット]
スターフルーツは稜線とそれぞれの側面の皮をていねいにむいてから、スターカットに。小ぶりなら皮付きのままでも食べられる。クリスマスに最適。

Cherimoya

チェリモヤ

マンゴー、マンゴスチンと並ぶ世界三大美果のひとつ。
果肉は乳白色のねっとりとしたクリーム状で、アイスクリームのような風味と食感がある。
くし形切りやトライアングルにして皮をカットすれば、
盛りつけたとき見栄えがする。

チェリモヤのトライアングル（P95）

Cherimoya Data

★選び方と食べごろ	★品種	★出荷最盛期	★栄養成分値（可食部100gあたり）
果皮の色が茶色がかった緑色で、やわらかくなったら食べごろ。	ホワイト、ハニー・ハート、ビッグシスターなど。	1〜6月（カリフォルニア産）	78kcal

Cherimoya

[チェリモヤのトライアングル]

① チェリモヤは縦にナイフを入れて2等分にカットする。

② さらに2等分に切り、1/4にカットする。

③ 1/4のチェリモヤを横にカットし、三角形にする。

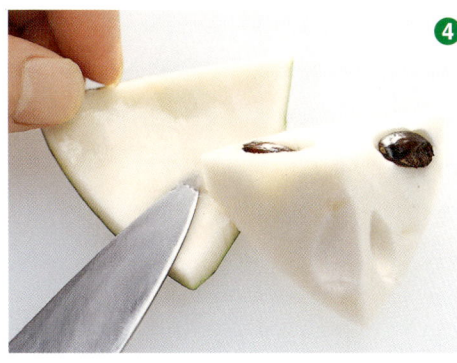

④ 皮と果肉の間にナイフを入れ、皮をカットする。

[くし形切り]

① チェリモヤを2等分し、さらに縦に4等分にカットする。

② 1/8のくし形切りにし、皮と果肉の間にナイフを入れ、皮を切り離す。

くし形切り

Mangosteen

マンゴスチン

BOOK ONLY

マンゴー、チェリモヤと並ぶ世界三大美果のひとつ。
フレッシュのマンゴスチンは、皮がやわらかいので、手でもきれいにむける。
すでに皮をカットしてある冷凍品も出回っている。果肉はミカンの袋のように分かれ、
なめらかな舌触りと香りを楽しめる。

冷凍のマンゴスチンの場合、すでに皮をカットしてあるものもある。

Mangosteen

Data

★選び方と食べごろ
果皮がやわらかくなったら食べごろ。
★出荷最盛期
5～9月（タイ産）
★栄養成分値
（可食部100gあたり）
67kcal

［皮のむき方 AB］

A

① 冷凍の輸入マンゴスチンは、横にナイフを入れ、ぐるりと一周して皮をカットする。

② 果汁がでるので、果肉を傷つけないように2つに割る。

B

① フレッシュのマンゴスチンは、枝付きのヘタの部分からカットする。

② ナイフでぐるりとヘタの部分をくり抜くようにカットする。

③ ヘタの切り口から、果肉を傷めないように手で皮をむく。

どうやって保存しておけばいいの？

フルーツの種類によって保存方法も異なります。
一般的に、冷蔵庫に入れると甘みが増すと覚えておくとよいでしょう。
ただし、冷やすときは、食べる2～3時間前に冷蔵庫へ。
冷やしすぎると、低温障害を起こしかねないのでご注意を。
追熟（ついじゅく）とは、時間が経つにつれ、熟してくることをいいます。
追熟しないフルーツは、できるだけ早めに食べるとよいでしょう。
バナナ、ミカン、和ナシは冷蔵庫に入れず、風通しのよい冷暗所で保存すること。
では、フルーツ別に見ていきましょう。

追熟するフルーツ
メロン、キウイフルーツ、パパイヤ、アボカド、マンゴー、モモ、洋ナシ、トロピカルフルーツ、バナナ、イチジク、ザクロ（国産）

追熟しないフルーツ
オレンジ、グレープフルーツ、スイカ、パイナップル、レモン・ライム、リンゴ、ブドウ、イチゴ、和ナシ、ザクロ（輸入）

冷凍してもよいもの
（比較的水分の少ないフルーツ）
ブドウ、ブルーベリー・ラズベリーなどのベリー類、バナナ、イチゴ（ジュース用。生食は向かない）

フルーツカッティングの道具と使い方

フルーツカッティングのための道具の種類と基本的な使い方を紹介しましょう。
1本のナイフでも多目的に使うことができます。
それぞれの切り方を知って、基本を身につけてフルーツカッティングの上達をはかりましょう。

ピーリングナイフ
皮むき用に刃が
カーブしています。
細かい細工用に
持っていると便利です。

鉛筆を持つように持ち、刃先を
使って切り込んでいきます。

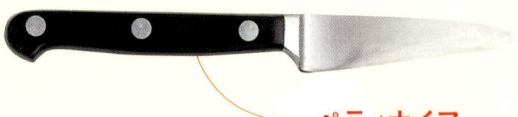

ペティナイフ
刃渡り8〜10cm。
皮むきや、果肉のスライスカット
などに使います。

らせん状にむく場合も、縦にむ
く場合も刃を皮と果肉の間に入
れ、皮に親指をそえ、フルーツ
の丸みにそわせてむきます。

枝付きの端を手前に向けて切り
ながら芯を抜くなど、細かい作
業などにも使えます。

ナイフ
刃渡り15〜27cm。
フルーツの大きさによって
適宜使い分けます。

果肉をカットする場合、できる
だけ果汁がでないように一気に
カットします。このとき刃を全
体に使うとなめらかな切り口に。
刃元の方から入れて手前に引き、
刃先まで使いましょう。

ナイフの刃先を上手に使えると、
パイナップルなど果肉だけを筒
状に残して、皮をぐるりとまわ
しながらサークルカットをする
ときに便利です。

抜き型
いろいろなモチーフが
あるので、好みの型で
型抜きしてみましょう。(P2〜3)

ボール状にくり抜くとき、半円にならないよう果肉に深めに入れて、くるりと回転させるのがコツ。

タネと芯の部分が小さいものには、ナイフを使わずくり抜きを使うときれいに取り除けます。

くり抜き
両端に直径の異なるくり抜きがついているものが便利。

芯抜き
上：小型フルーツ用芯抜き。リンゴ、ナシなどに。
下：パイナップル用芯抜き。大型のフルーツの硬い芯も簡単に抜けます。

刃先は丸くギザギザになっています。芯の中心にさし、底まで下げたらまっすぐ引き上げると芯が丸く抜けます。

枝付きの方から芯に突きさし引き抜いて芯を取ります。焼きリンゴやコンポートでは欠かせない道具です。

グレープフルーツを半分にカットし、皮と果肉の間にグレープフルーツナイフを入れます。果汁がですぎないように皮にそわせて、まわしながら果肉をくり抜きます。

パイナップルなど硬めの果肉の場合は、ナイフで芯をカットして、くり抜くとよいです。

グレープフルーツナイフ
柑橘系(かんきつ)のフルーツの果肉をくり抜くためのナイフ。ナイフの両側にギザギザの刃があり、先が曲がっているのでくり抜くのに便利です。

アートディレクション：守永隆伸（DOTinc.）
ブックデザイン：金城江美（GuTe）
スチール撮影：椎野 充・楠田 守・林 桂多（講談社写真部）
装丁撮影：青砥茂樹（講談社写真部）
校閲：戎谷真知了

DVD制作
企画・制作：立川 隆・酒井忠彦（デイズサービス）
　　　　　　稲川美枝子（みえ企画プロダクション）
　　　　　　日置祐三（メディアジャパン）
ビデオ撮影：金井康史・中村衣里・中山健太
　　　　　　野内希美・渡辺充俊（講談社写真部）
ナレーション：岡野由美子

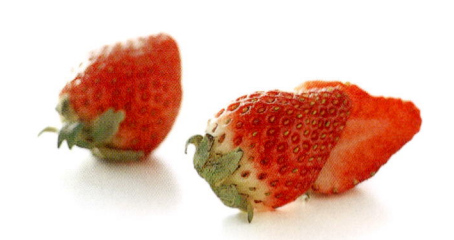

切り方がよくわかるDVD付き
初めてのフルーツカッティング

2008年11月28日　第1刷発行

著　者　平野泰三
発行者　野間佐和子
発行所　株式会社　講談社
　　　　〒112-8001
　　　　東京都文京区音羽2-12-21
　　　　販売部：TEL 03-5395-3625
　　　　業務部：TEL 03-5395-3615
編　集　株式会社　講談社エディトリアル
　　　　代表：土門康男
　　　　〒112-0012
　　　　東京都文京区大塚2-8-3
　　　　講談社護国寺ビル
　　　　編集部：TEL03-5319-2171
印刷所　凸版印刷株式会社
製本所　大口製本印刷株式会社

価格はカバーに表示してあります。落丁本・乱丁本はご購入書店名を明記のうえ、講談社業務部宛にお送りください。送料小社負担にてお取り替えいたします。
なお、この本についてのお問い合わせは、講談社エディトリアル宛にお願いいたします。
本書の無断複写（コピー）は著作権法上での例外を除き、禁じられています。
©TAIZO HIRANO 2008　Printed in Japan
ISBN978-4-06-214999-0　N.D.C.596　99p　21cm